D1387543

## Collection « Cimes »

Les cimes sont les parties les plus élevées des arbres
et des montagnes.

La collection de poésie « Cimes » présente des textes
aux thématiques les plus variées, où une écriture
exigeante, soucieuse d'esthétique et en pleine matu-
rité donne tout son relief à la pertinence du propos.

# Terres frontalières
du quotidien

# Terres frontalières du quotidien

## *Guy Jean*

Six photographies,
traitement organique,
de Pierre St-Jacques

Collection Cimes

Écrits
des
Hautes-Terres

**Écrits des Hautes-Terres**
Lac Cœur, Montagnes noires
R.R. 2
Ripon (Québec)
Canada J0V 1V0
Téléphone : (819) 986-9303
Télécopieur : (819) 986-8826
Adresse électronique : info@hautes-terres.qc.ca
Site Internet : http://www.hautes-terres.qc.ca


**Diffuseur**
Diffusion Prologue inc.
1650, boulevard Lionel-Bertrand
Boisbriand (Québec)
Canada J7H 1N7
Téléphone : (450) 434-0306
Télécopieur : (450) 434-2627


ISBN 2-922404-11-0

© Écrits des Hautes-Terres (1999) ; Guy Jean.


Dépôt légal :
Bibliothèque nationale du Québec, 1999.
Bibliothèque nationale du Canada, 1999.

Tous droits réservés. La reproduction de ce livre, en totalité
ou en partie, par quelque procédé que ce soit, tant électronique que mécanique et en particulier par photocopie et
microfilm, est interdite sans l'autorisation préalable écrite
de l'éditeur.

*À mon fils*
*Frédéric.*

# Remerciements

pour leurs encouragements
et leurs critiques stimulantes à :
Pierre Bernier,
Stéphane-Albert Boulais,
Micheline Dandurand,
Violette Lise Duguay,
Nicole Dumoulin et
Jacques Gauthier ;
pour leur générosité à :
Pierre St-Jacques et
Vincent Théberge.

# Liminaire

Un trou dans les nuages de juillet

Les vérités de l'enfance grouillent
dans ma mémoire
Serait-ce prémonition du passage
de vie à trépas ?
*une goutte de sang n'a-t-elle pas annoncé*
*la noyade d'un cousin ?*

Serait-ce la porte du chaman qui voyage
parmi les ombres ?
Les vérités des autres nous cachent
leurs rêves

Le silement et les parfums de l'été
m'entrent dans le corps
désamorcent une à une les mines
qui m'aveuglent

Un dragon s'amuse à souffler
des anneaux de fumée
sur les frontières du quotidien.

# un rêve cogne
# à ma mémoire

*Mais les livres ne contiennent pas la vie ;*
*ils n'en contiennent que la cendre ;*
*c'est là, je suppose,*
*ce qu'on nomme l'expérience humaine.*

Marguerite Yourcenar

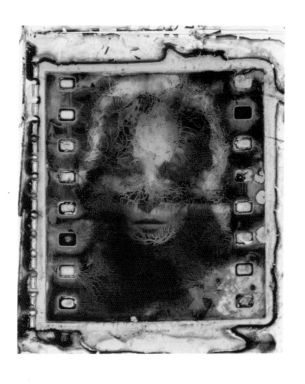

**Photographie : Pierre St-Jacques.**

Pèlerinages de mes rêves au passé
muet

Inutile de forcer le passage

Attendre qu'il se révèle
un animal apeuré retourne sur ses pas
la lumière du jour effeuille les ombres
un murmure suinte dans le roc
trahit la rivière souterraine.

Un rêve cogne à ma mémoire
elle refuse d'ouvrir mon enfance

Les pieds doux et poudrés de mon père
les Spud au menthol que fumait grand-mère
la senteur des carottes dans le sable
et du bois sec sous la hache
le gruau brûlant
nappé de lait froid et de cassonade

À la radio
*La fiancée du commando* prenait les visages
qu'on imaginait
*The Shadow* attendait dans la noirceur du lit

Que cherchent mes rêves ?
Les secrets de l'enfance ne peuvent rien
contre la mort
ils s'agrippent à la vie.

La maison de mon enfance
n'est plus peinte en rouge
disparus ses sentiers de gravier

Seuls
emmaillotés dans les souvenirs de famille
quelques bijoux à patine d'épousailles
et l'odeur des galettes du samedi.

Peur d'enfance

si secrète

qu'elle se dit

en filets de sanglots.

Bach apprivoise l'éternité
Chaque mesure de sainteté
détonation profonde dans mon enfance
les éclats de religion flottent à la surface

Miles Davis souffle des blessures de cor
dans la poitrine du dieu – trou de balle
                        au flanc du temps
Je m'enduis du baume de sa tristesse.

Mes pas battent la mesure du sol
boue, sable, sous-bois

Arc-boutés
mes doigts arrachent les pierres
                    à l'étreinte de la terre
plaintes et lumière soudaine
dispersent les larves des ombres

Dans ces trous qui jalonnent le sentier
j'épie ma mémoire.

Nous croyons aux bruits inventés
                    dans le sommeil
d'une familiarité menteuse ils nous réveillent
battement de cœur discordant
ou angoisse

Est-ce la mémoire qui perd des morceaux
embrouille les signaux du cerveau ?
Je redoute le mal qui désagrège
                    la conscience
laisse le corps orphelin

Quelqu'un frappe-t-il à mon inconscience ?

À vendre ! avec cadres et sous-titres
mes passions trop longtemps dispersées

Vous pouvez toucher
la douleur est sèche
en public, la joie ne s'effrite plus
poliment, une main retient râles et rots

Sans titre, dans un coin mal éclairé
un tigre, de face, les yeux rougis de secrets
Si vos rêves sont alléchants
il saccagera vos nuits

Passez tout droit vers vos jours habituels
rongés par la faim
et le rire des primitives hyènes.

**Photographie : Pierre St-Jacques.**

La rage en couches de galets
écrase mes syllabes

Rivière engorgée de vengeance
les tambours dispersent les soldats
l'arme automatique fauche crapules
                    parfumées au même lit
Danse féroce
de sang froid je crache sur leurs cadavres

Mes cris ouvrent le temps aux ancêtres
trop redoutables pour l'histoire de famille
je reçois en audience
la cohue de chiens sauvages
retire de leur chair nerveuse
les épines de l'errance

Pyrograver les pages d'un cahier
en refermer le couvercle à double silence
seul l'écho des mots qui rongent la porte.

Au fond du canyon aux parois de buildings
le matin froid
les piétons s'évadent hâtivement du sommeil

Le soleil perce le brouillard
qui porte le cinéma des rêves de toute la ville
peurs et paradis des ancêtres lointains
hantés des dragons qui nous dévorent.

Solitude
qui laisse en nous les déchirures
des ongles sur un mur trop haut.

Les lettres de nos amours jaunies
mal enfouies dans le pardon
se confessent à nos enfants.

Les goélands quêtent les dépotoirs
rêves de haute mer
échoués au fond des ruelles
Les épaves ne cachent plus de trésors

Quatre murs loués au mois
craquent de froid la nuit
surchauffés de cauchemars
les enfants dorment sur un bûcher

Les sacrifices humains n'apaisent plus
                    les dieux
ils attisent la convoitise des rapaces.

Honteux de porter la bêtise quotidienne
les pénitents châtient la dignité
dans la complicité du sang

Mémoire éclatée d'une race déchue
Hiroshima
les siècles ne nous appartiennent plus
la nudité des pornographies ne peut cacher
les visages figés dans la terre éventrée

Ne plus colmater les fissures de la démence
Appeler les retrouvailles du serpent et d'Ève.

Coulent aux yeux des survivants
les cendres des camps d'extermination
Fantômes sur les écrans de tristesse

Ne dirai que l'humilité des larmes.

Enceinte de plaisir
en plein jour
sa peau noire sur la blanche

Dans les yeux des passants
la convoitise lave les jugements

Ils pressent le pas
la mémoire blessée de mensonges mourants.

Amertume des longs couteaux
qu'on aiguise patiemment
de sombres desseins.

En tête du mât traînent tes jours délavés
hantés par le vent
Il s'agite
tu crois claquer en défiance
amnésique aux naufrages dans les dunes
joliment dessinées sur les cartes marines
périmées.

Sur de friables parchemins
je recense dans mes champs de bataille
les cadavres héritiers
des honneurs de guerre
des drapeaux plantés dans l'univers

Pourrais-je m'arracher aux dépouilles
                    des héros que j'ai enfantés ?

Je crie au secours
pantomime de l'écho qui renvoie
l'amour en pleine mutinerie
l'arrogance des énigmes éternelles

Au fond des entrailles
un million d'années-noirceurs
rompues à la mort.

Le jour disparaît au bout du sillage
à la dérive

À la faveur de la nuit
les étoiles raconteront
la profondeur du temps

Les liens noués à s'en briser le cœur
la longue vibration des peines et joies
les trésors qui nous glissent des mains
                    éclatent en mille larmes
les montagnes, les ruelles, leurs odeurs
la soif, les deuils, les objets de famille
les corps qu'on a servis dans l'amour
                    et la maladie

La mémoire coule au fond de la mer
je me retourne face au vent
la mort se lève au large.

Nos dieux déchus gisent
mal assassinés dans les musées
leurs pouvoirs nous cuisent encore la peau

L'éternité promise a chaviré
au beau milieu de notre histoire

Je ne courtise plus les amarres
Mes yeux s'accoutument à la clarté du corps
les longs respirs me chatouillent la nuque
j'invente des éclats de rire.

Acte de baptême raturé

biographie poussiéreuse

seule ma folie s'est échappée.

Sur mur blanc
écriture mouche à feu dans le noir
les replis de mes rêves

D'un rire vert comme jambes entrouvertes
je signe un arrêt de vie
donne audience aux amours
les condamne au plaisir
remonte le ressort des vacances
lance les hordes de fêtes sauvages

En Gaspésie le soleil se vautre
sur les corps nus
étendus sur les vigneaux.

**Photographie : Pierre St-Jacques.**

# éclaboussures de vie

*... poetry is mortal breath*
*that <u>knows</u> it's mortal*

Robert HASS

Éclaboussures de vie sur le mur de la mort

Gouttes d'eau sur les glaces

oublieuses de l'été.

Danse rituelle du samouraï
son sabre célèbre la vie
tranche les cris secs de l'ennemi

Claquent au vent couleurs vives du courage
voiles noirs des veuves
cerfs-volants des orphelins.

Sous les masques de l'ivresse
la magie des anciens pour danser
                    avec les morts
Je m'étourdis de battements de cœur
Trébuche sur des restes de cervelles
qui radotent promesses divines

Alcool, viatique sacrilège
brûle de rire les aveux redoutables
mal étanche la peur de vieillir
de ses veilles mes jours portent les cernes

Déraison dans les donjons du quotidien.

Compagne
des plaisirs qui mettent feu à la mémoire
des tristesses dures comme fer
Repos du guerrier retranché sans gloire

Espionne
la nuit, recrute au compte de la mort

Cigarette
ma sirène
ma mante religieuse
laisse dans mon corps ses longues peurs.

Le sommeil
la chaleur du jour captive entre les murs
tirent au sort mon corps nu

Les ombres battent des ailes
me frôlent au passage

Éclaireurs de la mort
venus en reconnaissance ?

Je m'enferme dans la noirceur
Ses portes n'ont plus de verrous.

Trois verres de trop
juste assez pour basculer dans les limbes
voir les mots sous les mensonges
les passes en décalage

Sauter dans le vide sans souci d'atterrissage
s'affaisser dans l'oubli

Au matin ravaler le mal de cœur
placer ses souliers
dans les pas de tous les jours
*un, deux, trois, quatre,*
*ma p'tite vache a mal aux pattes*
*cinq, six, sept, huit...*

Recommence la loterie des amours
invitations lancées à tout soir.

Ai chanté un blues
un air ancien et grégorien
ai dansé à trébucher pas grecs
steppettes à claquettes

Simagrées de contre-jour

Le temps se confesse de menteries
et d'infirmités
la vieillesse est entrée au fil des nuits.

Ai rêvé d'un pays où retenir le temps

Je prémédite mon évasion dans l'errance
intense d'éternités
qui mettent au monde.

L'histoire de la douleur dans les corps
se tait
se mord les lèvres

Bêtes blessées
ils creusent un trou en dedans
et s'y terrent

Leurs larmes burinent la prochaine
génération

Les intempéries imposent au visage
la topographie des troncs d'arbres.

Dans un grand soupir
mon père laisse tomber ses mains
libérées du pain quotidien.

Dès sept heures trente
les automobiles s'agitent
plainte ininterrompue de retards au travail

Un vieux
toute la nuit résigné dans l'attente
ignore les injures des klaxons
cherche un endroit où ne pas mourir.

Un vieil homme déverse sa colère
à tout venant
capitule, referme la main sur l'aumône
Marionnette grincheuse
rire des enfants

Ses questions rongeuses se perdent
                    au soleil
reviennent dans la nuit esseulée
les entrailles tordues de soif.

Cinquante-quatre bouteilles
en arc de cercle sur tablettes en Plexiglas
En bas à droite le Grand Marnier
en haut à gauche un Canadian Club

Dos au miroir, le barman
comptabilise les consommations
                    sur écran tactile
débarrasse prestement le comptoir

Bague d'or sertie de diamants
un homme ventru boit sa troisième bière
regarde à la télé
les championnats de fléchettes d'Angleterre

Ses compagnons, tête baissée,
causent des dossiers de ce matin
des cuisses de la secrétaire
des cernes de la divorcée
des vacances

Vingt-six juin, treize heures trente
trois cols blancs quittent le bistro
pressent le pas à l'ombre du centre-ville

Un midi comme les autres.

Roulette russe jouée des pieds à la tête

Les mains atteintes
la ronde finale à la cervelle est refusée

Le chasseur achève la bête
mortellement blessée

L'ennui n'a pas pitié.

**Photographie : Pierre St-Jacques.**

Robe de mariée sur une agonisante
ce printemps
s'ouvre dans la neige collante
pesante à pelleter

Chaulage de nos dettes envers la terre

Nous buvons aux nouveau-nés
arrachons d'avance les feuilles
                du calendrier
jonchons les terres promises de carcasses

Les funérailles prématurées des enfants
ne concernent que les autres
Il fait si beau en Floride

Quelle maladie ronge l'espoir ?

Hier encore les balayeurs de nuit
nettoyaient les slogans des marcheurs
entrelacés dans l'avenir

Aujourd'hui
fantômes derrière les portes closes
ils rêvent d'utopies adolescentes
Les mensonges s'épuisent
aux regards des enfants

Un beau matin on répand la nouvelle
Dans des temps et lieux
légèrement en désordre
une génération se balance
pieds dans le vide.

Cassée, la pellicule ballotte
la bobine tourne, comme il se doit
la foule grogne
quelques poussières s'agitent
                    sur l'écran blanc

Un jour parmi d'autres on s'éveille
cassé
Tombeau des rêves inconnus

En lente expiation
la vie s'accroche aux souvenirs

Les amours
les rires à se rouler dans l'herbe
rires à l'heure des espiègleries
                    qui retardent le coucher
– la lumière glisse ses peurs entre les arbres
rires de première neige dans la cour arrière

Dans la rue un corbillard
se traîne vers le cimetière.

Voisins
ensemble ont travaillé la terre
partagé outils, récoltes, jurons
la joie des enfants à naître
les rires des bouches à nourrir

Côte à côte se sont bercés
au silence des champs fatigués
Les enfants ont claqué le passé
Les femmes tricoté leurs antres

La mort réclame le premier
Pieds et poings liés de chagrin
l'autre meurt
la nuit même.

Arrogance du riche cercueil
fleurs symétriquement disposées
la mort embaume ce lieu

Chair grasse des officiants
faste des costumes
discours indigents
La lassitude sied bien aux replis
                    de l'opulence

L'orgue porte chants et sanglots
dehors les jeunes s'impatientent.

Nul besoin de pleureuses
mes parcimonieuses larmes m'ouvrent
la terre

Dans quelques heures
je relâcherai ma poigne sur votre cœur
la mort a mémoire courte

Dans les photos et solitudes sournoises
je reviendrai.

Corps à corps avec le quotidien

j'en sors amputé
de la folie et de la passion.

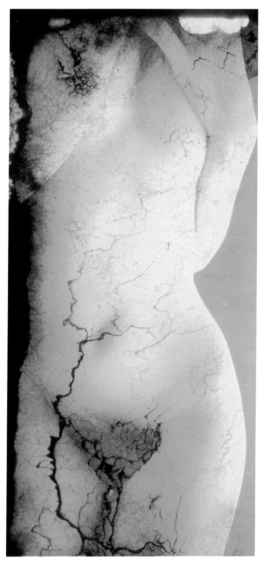

**Photographie : Pierre St-Jacques.**

# chaque jour est neuf

*...that borderland where everyday life
is penetrated by the marvelous.*

Peter Lamborn WILSON

Pourquoi chercher des signes
s'inquiéter des années qui s'ajoutent
et se perdent ?

À chaque battement de cœur
la vie frappe à la porte.

*Do-o-o-o-minus di-i-xi-it a-ad me...*
Voix blanchies à matines
marinées de silence

Toute en longueur une table de réfectoire
où l'on mange en résurrection du corps
le pain trempé dans le sirop d'érable

Les vitraux chantent le ciel sur les pierres
du parquet

Les siècles s'agrippent
aux croix du cimetière.

Silhouette découpée
contre l'aurore qui courtise la brume
le héron contemple
parmi les croassements des corneilles
l'indiscipline des goélands
les bateaux de pêche impatients du large

Les cormorans crucifiés au vent
tout le jour le huard patrouille
Sur la pointe du corps
à pas feutrés de sacristain
le héron fait sa longue pêche
de gestes impeccables

Pieds insensibles à la marée d'automne
tête calée entre les épaules
il hante le soir
attrape les rêves de la lune.

Aujourd'hui la mer
a l'odeur de pays inconnus
cachés dans les navires naufragés.

La rivière s'est alliée à l'hiver
et figé les arbres
en grands coraux blancs des lointaines mers
qui déchirent le matin apeuré.

Ciel coupant comme glace de rivière
arbres poils hérissés
pin chargé de fruits

Une épinette étend les bras
totem de sémaphores
repère des naufragés de la poudrerie

Nous sommes aveugles à ces alphabets
notre hiver clôturé

Un jour j'irai au nord
écouter les neiges anciennes.

Intraitable
le verglas de février assiège les heures
où mettre pied

Les enfants glissent les fesses sur un carton
Paralysés nous exigeons rubis sur l'ongle
remboursement de saison

Cris perdus des noyés
sous la glace de la rivière.

Les glaces assiègent les huttes de castors
grandes cette année
comme les neiges

Mes yeux frissonnent des gestes d'avril
les crocus percent le pré
la rivière offre ses rondeurs
                    aux rapides fringants
le sous-bois étale sa nudité

Qui ouvrira des sentiers invisibles
                    dans les toiles d'araignée
pour cueillir les cadavres au printemps ?

Sept pierres enneigées
jardin zen dans le courant

Affaissée sur les grands pins
la lourde neige d'avril se rouille
du soleil levant

La beauté n'a pas d'heure
elle frappe à tout œil.

Du haut du grand pin
une corneille martèle mon crâne de ses cris
Glas sur mon entêtement

De la béance jaillit une île tropicale
elle dérive au soleil
dans les livres que je n'ai pas encore lus.

La masse s'abat sur le coin

Silence

Discret craquement du bois vert qui s'ouvre
lisse, parfumé

La sueur sur mes bras.

Écureuils en chasse
sur la clôture, le thuya, l'épinette noire
les hauteurs du tilleul d'Amérique

Une corneille trace de ses cris
un long cercle sur le voisinage
Un avion de combat de sud en nord
tranche le ciel avec précision

Jeux de rut, jeux de guerre
je ne sais

Je chéris la fragile ignorance.

Un écheveau blanc
sur la tige durcie par l'hiver
Nuage amarré à l'automne dernier

Les feuilles de mai
lames d'épée dans l'étang

La quenouille éclatée
traîne au vent un fil solitaire.

Promesse des feuillages
les bourgeons gorgés de sève
sont prismes au soleil d'après souper

Le soir ramène les arbres à leur nudité
seul le chant des oiseaux témoigne de mai.

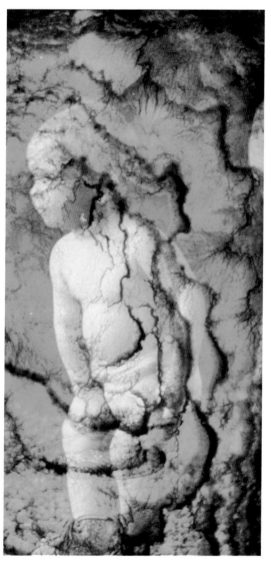

**Photographie : Pierre St-Jacques.**

Derrière le temps lourd l'éclair à l'affût
Il griffe la nuit
les arbres dansent à la face de la foudre

L'orage s'acharne sur la peau crispée du lac
Le bois fracassé saigne d'éclisses blanches

Au matin
la terre épuisée offre son encens
le soleil lèche les blessures.

Contre la clôture de bois
solitude fuchsia d'un pois de senteur
Au mur de la maison
pétales rouge vin sur blanc, pistils orangés
les lys imposent leur parfum
de messe de Pâques
de femmes en fête

La nostalgie hésite entre l'enfance
et les chambres à coucher d'une nuit
corridors d'un même labyrinthe
dans lesquels flâne la vieillesse.

Le soleil
coincé entre le temps de chien qu'il fera
et le paysage fuyant

Regard entrebâillé du matin
qui découpe les tours d'habitation
les clochers sculptés aux formes
                    des croyances des vieux pays

Sous les toits centenaires les riches boiseries
portent les épitaphes oubliées des esprits
qui ont engendré cette terre.

Soie aux reliefs de jaune, violet, vieux rose
Bandes grises, noires, brunes,
bordent le kimono d'Itchiku Kubota
*Gaudi ou la nostalgie de Barcelone*

Quarante années à travailler l'histoire,
                    matière et cœur
à nouer le quotidien aux secrets
                    des ancêtres

Les yeux rejoignent l'âme
devant cette Annonciation se purifient
Le temps s'égare

Puis sournoisement, par derrière
de ses paumes moites
l'envie écrase le regard.

Les nuages déchiquetés noircissent le ciel

Une araignée trace des arcs à ma fenêtre
avec les restes de soleil.

Minuscules fleurs écarlates
trois sons généreux dans le sous-bois

Un chien abandonné
lèvres grises
pelage noir et regard enchevêtrés

La pluie résonne jusqu'au remords
des pas dans mon dos.

Chaque jour est neuf

Seule notre façon de vivre

a vieilli.

# Table des matières

**Photographies, traitement organique,
de Pierre St-Jacques**

Pages 15, 25, 43, 61, 71 et 89.

## Du même auteur

*sur le fil tendu des amours*, Écrits des Hautes-Terres, Ripon, 1998.

*Paroles d'Acadie et d'après*, éditions Asticou, Hull, 1982.

Poèmes publiés dans *Acadie/Expérience. Choix de textes acadiens : complaintes, poèmes et chansons*, Jean-Guy Rens et Raymond Leblanc, Parti pris, Montréal, 1977.

**Terres frontalières du quotidien**

est le troisième titre de la collection « Cimes »
et le treizième publié par Écrits des Hautes-Terres.

Cet ouvrage a été tiré à cinq cents exemplaires.

Direction artistique
**Vincent Théberge**

Composition et mise en page
**Impressart**

Achevé d'imprimer en janvier 1999
sur les presses de l'**Imprimerie Gauvin limitée**
pour la maison d'édition Écrits des Hautes-Terres

ISBN 2-922404-11-0

Imprimé à Hull (Québec) Canada